Wunibald Müller

Schicksal

Wunibald Müller

Schicksal

Nicht ohnmächtig, *sondern frei*

Kösel

MIX
Papier aus verantwortungsvollen Quellen
FSC® C014496
FSC
www.fsc.org

Verlagsgruppe Random House FSC® N001967

Umschlag: Weiss Werkstatt München
Satz: Vornehm Mediengestaltung GmbH, München
Druck und Bindung: GGP Media GmbH, Pößneck
Printed in Germany
ISBN 978-3-466-37198-3

www.koesel.de

Dieses Buch ist auch als E-Book erhältlich.

»Das Schicksal kommt von außen an mich heran, liegt aber zugleich von vorneherein in mir selbst. Es ist nicht so, dass ich fertig wäre und dann aus Natur und Geschichte Schicksal an mich heranträte, sondern ich selbst bin mein Schicksal.«

Romano Guardini

Inhalt

Vorwort

Schicksal wird in der Regel als etwas verstanden, das sich einfach ereignet, das uns zugemutet wird, über uns herfällt. Wir sind ihm ausgesetzt, können nichts dagegen tun. Es entzieht sich unserer Einflussnahme und uns bleibt nichts anderes übrig, als vor ihm zu kapitulieren. Wir sprechen von »Schicksalsschlägen«, die Menschen treffen: Ein Selbstmordattentäter reißt Dutzende von Menschen mit sich in den Tod. Oder wir sagen, dass wir »unser Schicksal ertragen« müssen, wenn wir zum Beispiel nach einem Verkehrsunfall auf einen Rollstuhl angewiesen sind, wir den Partner oder Freund verlieren oder der Verlust unserer Arbeit uns in die Armut treibt.

Wir können uns gegen unser Schicksal auflehnen oder aber mit ihm kooperieren.

Es gibt tatsächlich viele Situationen, in denen uns nichts anderes übrigbleibt, als uns in unser Schicksal zu ergeben. Den

Menschen, die innerhalb weniger Minuten in den Tod gerissen werden – denken wir zum Beispiel an den durch einen Piloten herbeigeführten Absturz des GermanWings-Flugzeugs –, bleibt keine Chance.

Bei anderen Situationen können wir zumindest mitentscheiden, wie wir auf sie reagieren, auch wenn sie nicht weniger schicksalhaft sind. Denken wir zum Beispiel an die Möglichkeiten, die wir haben, mit einer unheilbaren Krankheit umzugehen. Wir können uns gegen unser Schicksal auflehnen oder aber mit ihm kooperieren. Wir können krampfhaft versuchen, einen ganz anderen Weg einzuschlagen als den anscheinend vom Schicksal vorgegebenen, oder in diesem uns vom Schicksal gewiesenen Weg letztlich den unseren erkennen und dazu beitragen, dass er immer mehr wirklich unser Weg wird.

Manchmal wiederum meinen wir nur, dass etwas unser Schicksal ist, und nehmen es zu schnell als solches hin, statt zu versuchen, unsere anscheinend schicksalhafte Situation zu ändern. So etwa, wenn wir eine Niederlage erlitten haben und daraus den Schluss ziehen, dass wir eben *Loser* sind, und es dabei belassen, statt es auf einen neuen Versuch ankommen zu lassen.

Die Dynamik, die sich aus Schicksal auf der einen Seite und menschlicher Freiheit auf der anderen Seite ergibt, kann uns lebendig, kreativ bleiben lassen. Sie kann uns herausfordern, die in uns vorhandenen Möglichkeiten noch stärker zu nutzen, noch mehr die Verantwortung für unser Leben in die Hand zu nehmen. Zugleich kann die Spannung, die zwischen Schicksal und Freiheit entsteht, uns auf unsere Grenzen verweisen. Es ist und bleibt spannend, sich dem Schicksal zu stellen und dabei die Möglichkeiten unserer Freiheit auszuloten.

Was ist Schicksal?

Was genau ist nun Schicksal? Wann wir geboren werden, ob wir als Asiate, als Afrikaner, als Europäer, als Mann oder Frau und wo wir geboren werden, liegt nicht in unserem Ermessen *(vgl. May 1981: 90)*. In welche Familie, in welche Zeitepoche, in welches politische und kulturelle Umfeld wir hineingeboren werden, darüber entscheiden nicht wir. Wie wir aussehen oder mit welchen Talenten wir ausgestattet sind, hängt von genetischen Gegebenheiten ab. Dann gibt es bestimmte Umstände, etwa eine Weltwirtschaftskrise oder Ereignisse wie den 11. September 2001, die passieren, ob wir es wollen oder nicht, und die für die Menschen, die davon betroffen sind, zum Schicksal werden können.

Schicksal ist demnach etwas, das uns einfach vorgegeben ist oder vorgegeben wird. Wir werden ins Leben hineingeworfen und unterliegen von seinem Beginn bis zu seinem Ende bestimmten Voraussetzungen und Umständen. Vielleicht fragen wir uns, wer oder was hinter dem steckt, was uns an Schicksal ereilt. Wird unser Leben von etwas beeinflusst, das unsere konkreten Möglichkeiten einschränkt, ja entscheidend mitbestimmt? Bei der Beantwortung dieser Frage scheiden sich die Geister.

Für die einen gibt es so etwas wie ein vorherbestimmtes Leben oder ein uns von

Wir werden ins Leben hineingeworfen und unterliegen von seinem Beginn bis zu seinem Ende bestimmten Voraussetzungen und Umständen.

einer höheren Macht zugedachtes Schicksal nicht. Für sie ist Schicksal etwas Undurchschaubares, das ohne bestimmte Absicht auf unser Leben einwirkt. Für den Bestsellerautor und Psychotherapeuten Irvin D. Yalom *(2010: 193 f.)* sind wir Menschen ein

Zufallsprodukt und in eine Existenz ohne vorherbestimmte Lebensstruktur gestoßen worden. Ereilt uns ein Schicksal in Form einer tödlichen Krankheit oder eines tragischen Unfalls, ist das nicht auf den Einfluss einer höheren Macht zurückzuführen. Auch bei wichtigen Lebensentscheidungen, etwa einen bestimmten Beruf zu ergreifen oder sich ein Leben lang für das Zusammenleben mit einem bestimmten Menschen zu entscheiden, wirken keine höheren Mächte mit. Unsere Entscheidungen sind das Ergebnis unserer menschlichen Überlegungen, für die allein wir die Verantwortung tragen.

Andere gehen davon aus, dass es geheimnisvolle, verborgene Kräfte gibt, die Einfluss auf unser Leben nehmen und dabei auf ein bestimmtes Ziel ausgerichtet sind. So Phil Stutz und Barry Michels *(2012: 38)*,

Auf eine für mich undurchschaubare Weise wirken Kräfte auf mein Leben ein, die wie unsichtbare dünne Fäden die unterschiedlichsten Erfahrungen so miteinander verknüpft haben, dass mein Leben einen bestimmten Lauf genommen hat.

nach deren Überzeugung bestimmte Ereignisse in unserem Leben von einer höheren Intelligenz im Voraus geplant werden. Sie glauben, dass nichts ohne Grund geschieht. In der englischen Sprache gibt es dafür den Begriff *destiny,* der nahelegt, dass dem Schicksal eine Absicht, ein Ziel zugrunde liegt. Wen ich heirate, welchen Beruf ich ergreife, ist dann nicht nur das Ergebnis einer bewusst getroffenen Entscheidung oder von Zufall, sondern ist beeinflusst von geheimnisvollen Kräften, die auf unser Leben einwirken. Vor allem im Denken des Tiefenpsychologen C. G. Jung *(1990: 358)* kommt diesem Verständnis von Schicksal eine große Rolle zu.

Als C. G. Jung sich als junger Mann die Frage stellte, in welche Richtung er sich innerhalb der Medizin spezialisieren sollte, stieß er anscheinend zufällig auf ein Lehrbuch für Psychiatrie. Das führte letztlich dazu, dass er den Entschluss fasste, Psychiater zu werden. Diesen Entschluss bezeichnete er später als ein Fatum, was auch mit Schicksal übersetzt werden kann. Das Zusammenwirken dieser Ereignisse war für ihn so, als hätten zwei Ströme sich vereinigt und ihn unwiederbringlich in großer Bewegung zu fernen Zielen geführt *(Jung 1990)*.

Ich persönlich habe die Erfahrung gemacht, dass vieles, was in unserem Leben

Zufall oder ein Wink des Himmels?

geschehen ist oder geschieht, von Einflüssen mitbestimmt worden ist und mitbestimmt wird, die mein bewusstes Wollen und Tun geformt haben. Diese Einflüsse auf mein Leben sind zunächst auf äußere Gegebenheiten zurückzuführen, also wo ich geboren, wie ich erzogen wurde usw. Darin liegt schon etwas Schicksalhaftes. Darüber hinaus habe ich aber auch die Erfahrung gemacht, dass auf eine für mich undurchschaubare Weise Kräfte auf mein Leben einwirken, die wie unsichtbare dünne Fäden die unterschiedlichsten Erfahrungen so miteinander verknüpft haben, dass mein Leben einen bestimmten Lauf genommen hat.

Von einer ähnlichen Erfahrung, die weitreichende Konsequenzen für ihn hatte, berichtet Viktor Frankl, KZ-Überlebender und Begründer der Logotherapie. Noch vor seinem Aufenthalt im Konzentrationslager wurde ihm von der amerikanischen Botschaft in Wien das Angebot gemacht, in die USA auszuwandern. Er schwankte hin und her. Da war die Möglichkeit, unter günstigen Bedingungen seine damals noch vagen Gedanken über die Logotherapie zu Papier zu bringen, dort waren die alten, hinfälligen Eltern, die er zurücklassen müsste. Noch völlig unentschieden, was er tun sollte, entdeckte er bei einem Besuch bei seinen Eltern einen Steinbrocken, den sein Vater aus der zerstörten Wiener Synagoge mitgenommen hatte. Eine darauf noch erkennbare Inschrift bezog sich auf das vierte Gebot: »Du sollst Vater und Mutter ehren.« In die-

Manches können wir offensichtlich nicht beeinflussen, anderes wieder lässt uns zumindest einen gewissen Spielraum der Einflussnahme.

sem Moment war für Viktor Frankl klar, wie er sich entscheiden würde. Zufall oder ein Wink vom Himmel?

Was also gilt nun? Eine Welt, in der wir ein Zufallsprodukt sind und es an uns liegt, das Beste daraus zu machen? Oder eine Welt, hinter der ein für uns zunächst nicht erkennbarer Plan steckt, in der eine geheimnisvoll im Verborgenen bleibende Kraft in unser persönliches Leben hineinwirkt und unser Schicksal und unsere Bestimmung lenkt? Wer weiß es? Offensichtlich, so Hartmut Rosa *(vgl. Henk 2016: 16)*, gibt es in uns Menschen eine tiefe Sehnsucht danach, dass das, was geschieht, nicht zufällig passiert.

Manches können wir offensichtlich nicht beeinflussen, anderes wieder lässt uns zumindest einen gewissen Spielraum der Einflussnahme. An das Schicksal zu glauben heißt nicht zwangsläufig, dass wir ihm einfach ausgeliefert sind und uns nichts anderes übrigbleibt, als uns in unser Schicksal zu fügen. Wenn wir solche Überlegungen zulassen, beginnen wir zu ahnen, dass unsere Möglichkeiten und unsere Freiheit angesichts unseres Schicksals begrenzt, aber nicht gänzlich ausgelöscht sind. Unabhängig davon, ob wir uns als Zufallsprodukt oder als von geheimnisvollen Kräften oder einer höheren Macht beeinflusst verstehen: Entscheidend ist, wie wir auf das, was sich in unserem Leben ereignet, was uns vorgegeben ist oder auch vorgegeben wird, reagieren.

Mit unserem Schicksal kooperieren

Wir können entscheiden, wie wir auf unser Schicksal reagieren, und dabei die uns gegebenen Möglichkeiten nutzen. Wir nehmen dann unser Schicksal an und kooperieren mit ihm *(vgl. May 1981: 23)*. Tun wir das nicht, kapitulieren wir vor ihm, ohne den uns verbleibenden Spielraum zu nutzen. Oder wir lehnen uns gegen unser Schicksal auf, um am Ende die Erfahrung zu machen, dass das zwecklos ist. Wir können unser Schicksal nicht zur Seite schieben und selbst wenn wir das versuchen sollten, bleibt es uns erhalten.

Kooperieren wir mit unserem Schicksal, heißt das nicht notwendigerweise, dass wir uns ihm einfach anpassen. Wir lassen uns von ihm konfrontieren, um durch diese Konfrontation – hoffentlich – auf die uns gebliebenen Möglichkeiten zu stoßen, die uns erst durch die Konfrontation mit unserem Schicksal bewusst werden. Es ist die Stunde unseres kreativen Schaffens, das angesichts unseres Schicksals herausgefordert und gefördert wird.

So sind zum Beispiel viele Begabungen, die wir haben, vorgegeben, doch es hängt auch von uns ab, was wir aus ihnen machen. Für den Einzelnen kommt es darauf an, auf der Basis seiner Vorgegebenheiten, seines Schicksals, die ihm möglichen Ent-

Wir können unser Schicksal nicht zur Seite schieben und selbst wenn wir das versuchen sollten, bleibt es uns erhalten.

scheidungen zu treffen. Das Schicksal ist dann die Basis unserer Freiheit *(vgl. Tillich 1957: 181)*, die wir nutzen können oder auch nicht. Wir entscheiden zum Beispiel in der Regel nicht über die politischen und kulturellen Gegebenheiten, in die wir hineingeboren werden, doch wir sind ihnen auch nicht einfach ausgeliefert. Wir können auf sie reagieren, können unsere Freiheit durch Wahlen oder Aktionen umsetzen.

Mein Vater war ein sehr ordnungsliebender Mensch, der alles archivierte, auch alle Rechnungen. Die ältesten stammen aus

Mein Vater hätte auch einen anderen Weg einschlagen können, doch er entschied sich für diesen und gewann daraus für sich eine große Befriedigung.

dem Jahr 1945. Als ich mir die Rechnungen genauer anschaute, stellte ich fest, dass er sich nach dem Krieg viele Bücher und Fachzeitschriften bestellt hatte, obwohl wegen seines geringen Einkommens das Budget dafür sehr begrenzt war. Mein Vater hatte sehr darunter gelitten, dass er wegen des Kriegs kein Abitur machen konnte. Er versuchte das durch Selbststudium auszugleichen. Er machte etwas aus seiner Begabung, hatte im politischen Bereich einigen Erfolg und war ein begnadeter Redner. Ich erinnere mich gut daran, wie ich ihm voller Stolz zuhörte, wenn er als Bürgermeisterstellvertreter vor dem Alten Rathaus meiner Heimatstadt am Totengedenktag oder bei der Begrüßung von Honoratioren eine Rede hielt. Dabei sprach er immer frei, seine Reden übte er zuvor laut vor sich hinsprechend in seinem Arbeitszimmer ein. Mein Vater hätte auch einen anderen Weg einschlagen können, doch er entschied sich für diesen und gewann daraus für sich eine große Befriedigung.

Die Ärztin Elisabeth Kübler-Ross berichtete von HIV-positiven Patienten, bei denen der Virus ausgebrochen war. Damals war klar, dass das heißt, dass sie nicht mehr lange leben würden. Ihre Krankheit erwies sich für sie als ein verstecktes Geschenk. Denn sie erlebten die ihnen verbliebene Zeit ganz bewusst und mit einer Intensität wie nie zuvor in ihrem Leben. Sie hätten sich auch, was nachvollziehbar gewesen wäre, dafür entscheiden können, einfach, vielleicht auch verbittert, auf den Tod zu warten. Doch sie entschieden sich dafür, jeden Tag ganz bewusst zu erleben, für das, was sie noch erleben durften, den letzten Frühling, das letzte Weihnachten, aus ganzem Herzen heraus dankbar zu sein und mit einer bisher nie gekannten inneren Wachheit und aus einer Tiefe zu genießen und zu feiern.

Wir können uns gegen unser Schicksal auflehnen. Wir können daran scheitern, wir können ein Leben lang darüber verbittert sein und darüber verzweifeln. Ich denke jeder, der selbst einen Schicksalsschlag erlitten hat, könnte das verstehen. Wir können aber auch nach Wegen suchen,

So erreichen wir einen Zustand, der es uns ermöglicht, gestalterisch Einfluss auf unser Leben zu nehmen.

wie wir mit dem Schicksal kooperieren und die Möglichkeiten, die uns bleiben, für uns entdecken und nutzen können. Wir geben dann nicht einfach auf, sondern kämpfen mit dem Schicksal. Wir suchen die Stelle, bei der wir das Bein dazwischenbekommen. Wir wissen, dass nicht alles, was uns vorgegeben ist, in Erz gegossen ist, und werden nicht müde, daran zu rütteln. So erreichen wir einen Zustand, der es uns ermöglicht, gestalterisch Einfluss auf unser Leben zu nehmen. Das erfordert von uns Kreativität und Ausdauer.

Es wird dann Phasen geben, in denen wir uns gegen das Schicksal auflehnen, Situationen, in denen wir mit dem Schicksal kämpfen, und Umstände, bei denen wir mit dem Schicksal kooperieren. Schließlich wird es Momente geben, in denen wir uns einfach dem Schicksal überlassen, uns vom individuellen Durchsetzungswillen loslösen *(vgl. Guardini 1948: 229)*, den Widerstand aufgeben und sich ein Einvernehmen zwischen uns und dem Schicksal einstellt, von dem wir getragen werden.

Unsere Freiheit und unser Schicksal sind nicht länger Gegenspieler, sondern werden zu Mitspielern.

Ken Wilber beschreibt in seinem Buch »Mut und Gnade«, wie seine Frau, kurz nachdem er sie geheiratet hatte, mit der Nachricht konfrontiert wurde, dass sie Brustkrebs hatte. Es dauerte fünf Jahre, bis sie daran starb, Jahre, die von Höhen und Tiefen gekennzeichnet waren, die Phasen der Entfremdung zwischen Ken Wilber und seiner Frau kannten und Zeiten großer Nähe. Ken Wilber *(vgl. Creutzfeldt-Glees 2007: 58)* traf damals angesichts dieses Schicksals, das zunächst seine Frau, dann aber auch ihn betraf, die Entscheidung, bis zum Schluss für seine Frau da zu sein.

Seine Entscheidung hat ihn angehalten, durch alle Hochs und Tiefs bei seiner Frau zu bleiben und sie bis zum Ende ihrer Krankheit zu begleiten. Er gesteht, dass er zwischendurch oft Zweifel hatte, doch er blieb bei seinem Versprechen. Es war seine Entscheidung, diese Rolle fortzuführen und zu tun, was er als selbstloses Dienen der Mystiker beschreibt: Er wollte lieben und dienen, bis es wehtut.

Mit seiner Entscheidung nahm er Einfluss auf sein Schicksal, ja gab er seinem Schicksal eine Gestalt. Sein Beispiel zeigt, dass wir unser Schicksal sind, insofern und wenn wir uns die Freiheit nehmen, unser Schicksal zu formen. Unsere Freiheit und unser Schicksal sind nicht länger

Gegenspieler, sondern werden zu Mitspielern. Wir nutzen unsere Freiheit dazu, am Schicksal mitzuschreiben, es mitzugestalten, indem wir mit unserem Schicksal kooperieren.

Von der Kraft der inneren Freiheit

Unsere Möglichkeiten, ein erfülltes, glückliches und sinnvolles Leben zu führen, sind durch unser Schicksal, durch Vorgegebenheiten begrenzt. Dies sollte uns aber nicht davon abhalten, unsere Möglichkeiten zu entdecken und anzuwenden, den Spielraum von Freiheit, den wir haben, zu nutzen. So hängt es zum Beispiel bei vielem, was wir als Schicksal erleben, dem wir ausgesetzt sind und an dem wir zunächst nichts verändern können, von uns ab, wie wir dazu stehen, also welche innere Haltung wir dazu einnehmen.

Hier müssen wir unterscheiden zwischen äußerer und innerer Freiheit. In einem freien Land zu leben, in dem ich frei meine Meinung äußern darf, ich nicht der Willkür der Mächtigen ausgesetzt und nicht als Sklave Eigentum eines anderen bin, darin zeigt sich äußere Freiheit. Dann gibt es aber auch eine Freiheit, bei der es vor allem um unsere Einstellung zu einer vorgegebenen Situation, und da auch zu unserem Schicksal, geht. Diese Freiheit bleibt nicht bei den äußeren Gegebenheiten, die Teil unseres Lebens sind, stehen, sondern lenkt den Blick auf uns als Menschen, die aus mehr bestehen als das, was ihnen vorgegeben ist und ihre äußere Situation ausmacht. Manche sprechen daher auch von existenzieller

Hier müssen wir unterscheiden zwischen äußerer und innerer Freiheit.

Freiheit *(vgl. Rollo May 1981: 23)*, um darauf hinzuweisen, dass es hier um eine Freiheit geht, bei der das, was uns grundsätzlich angeht, unser Sein an sich, im Vordergrund steht. Der heilige Augustinus bezeichnet diese Freiheit des Seins sogar als die größere Freiheit im Unterschied zu der Freiheit des äußeren Handelns, die er die kleine Freiheit nennt.

Ein Beispiel für das, was unter innerer Freiheit zu verstehen ist, ist die innere Haltung, die der bekannte Kinderpsychologe Bruno Bettelheim während seines zweijährigen KZ-Aufenthalts gegenüber der SS und ihren Schikanen einnahm. Äußerlich betrachtet war er ihnen machtlos ausgesetzt. Doch inmitten der äußeren Unfreiheit ließ er sich nicht die innere Freiheit nehmen, über die allein er verfügte: zu entscheiden, welche innere Einstellung er gegenüber seinen Unterdrückern einnehmen wollte.

Sehr eindrucksvoll und bewegend schildert auch ein Gefangener des berüchtigten Gefängnisses San Quentin in Kalifornien, wie es ihm mithilfe der inneren Freiheit gelang, seine Situation, sein Schicksal besser zu bewältigen *(vgl. May 1981: 55 f.)*:

»Ich bin von meiner Familie getrennt worden, beraubt worden von der Möglich-

Sie waren damit auf eine gewisse Weise freier als die Schergen des Konzentrationslagers oder die Gefängniswärter.

keit, meinen kleinen Jungen zu berühren. Sie haben die Sonne, den Mond und die Sterne vor mir versteckt, an die Stelle von Erde, Blumen und allem, was warm und sanft ist, haben sie mir ihren Beton und ihren Stahl vorgesetzt. Der Wind, der durch meine Haare weht, ist durch Regeln in meinen Ohren ersetzt worden.

Alle Tränen sind verboten auf dem Flur – die Kraft meiner Muskeln wird durch Ketten und Fußfesseln festgehalten.

Sie haben versucht, meine Existenz zu negieren, und sind dabei beinahe erfolgreich gewesen. Sie haben mich mit fast nichts mehr zurückgelassen, außer einem inneren Kern, einem geheimnisvollen, persönlichen Platz, den zu erreichen ihnen bis jetzt noch nicht gelungen ist.

Auch wenn ich manchmal in Depression falle und mir ist, als sei ich dabei aufzugeben, so erfüllt mich die Entdeckung meiner Gedanken mit Freude. Denn solange sie keine Möglichkeit haben, mir meine Gedanken zu nehmen, so lange bin ich frei. Erkenntnis ist Freiheit, und es ist die Quelle von Hoffnung an diesem hoffnungslosen Platz. Ein Mensch kann ohne äußere Freiheit, aber nicht ohne existenzielle Freiheit leben.«

Bruno Bettelheim und dem Gefangenen in San Quentin gelang es, inmitten der Unfreiheit, der sie ausgesetzt waren, sich die innere Freiheit zu bewahren. Sie waren damit auf eine gewisse Weise freier als die Schergen des Konzentrationslagers oder die Gefängniswärter.

Der Benediktinerpater Sales Hess, den ich noch als Geschichtslehrer erleben

Dahinter stehen die Vorstellung und die Erfahrung, dass es in uns einen unzerstörbaren Ort gibt, zu dem niemand vordringen und den niemand verletzen kann.

durfte, schreibt in seinem Buch »Dachau – eine Welt ohne Gott« über seinen Aufenthalt und seine Erfahrungen im KZ Dachau:

»Was konnten jene Menschen ohne Gott uns antun? Sie konnten wohl den Leib aushungern und töten, aber der Seele konnten sie nicht schaden« *(1995: 124)*.

Dahinter steht die Vorstellung und die Erfahrung, dass es in uns einen unzerstörbaren Ort gibt, zu dem niemand vordringen und den niemand verletzen kann. Auch wenn wir leiden, gibt es dennoch diesen Ort in uns, der unversehrt bleibt, in den wir uns zurückziehen können und von dem aus wir uns aufmachen können, kreativ mit unserem Schicksal umzugehen. Das kann schon damit beginnen, uns bewusst zu machen, dass es diesen Ort gibt und wir dem Schicksal als etwas, das uns zugestoßen ist, nicht einfach nur ausgesetzt sind. Wir können unser Schicksal in die Hand nehmen und es fortschreiben, wodurch wir selbst unser Schicksal sind oder es werden.

Pater Sales Hess und viele andere kannten diesen Ort in sich. Daraus erwuchs ihnen eine Souveränität und Kraft, die sie

Das sind Worte, die von einer inneren Freiheit künden, die einen sprachlos macht und die sicher nicht jeder über die Lippen bringt.

ihre äußerst schwierige Situation in Würde und mit innerer Freiheit bestehen ließ. Ähnlich erging es der jüdischen Niederländerin Etty Hillesum, die als junge Frau dem Terror der Nazis ausgesetzt war. Auch als ihre äußere Freiheit immer mehr beschnitten wurde, war sie davon überzeugt, dass einem »das Allerletzte im Inneren nicht genommen werden kann« *(2010: 147)*. Sie fühlte sich in niemandes Klauen, sondern nur in Gottes Armen, was immer ihr auch zustoßen würde.

Das sind Worte, die von einer inneren Freiheit künden, die einen sprachlos macht und die sicher nicht jeder über die Lippen bringt. Auch kann ich es verstehen, dass eine solche Einstellung zum Schicksal als Fatalismus oder Schwäche verstanden wird, als würde man angesichts des Übermächtigen kapitulieren. Etty Hillesum leistete keinen offenen Widerstand, provozierte die Mächtigen nicht. Doch wenn wir genauer hinschauen, legte sie sich mit dem Schicksal an, indem sie ihm nicht einfach verfiel, eben nicht resignierte und mutlos die Segel strich.

Es gibt Situationen in unserem Leben, in denen der offene Kampf für die äußere

Freiheit notwendig ist, wir auf die Barrikaden gehen müssen, ein kampfloses Sich-Ergeben Ausdruck von Mutlosigkeit, Feigheit und Fatalismus sein kann. Und es gibt Situationen, in denen wir uns mit dem Schicksal arrangieren müssen. Etty Hillesum verstand es mithilfe ihrer inneren Freiheit, kreativ mit ihrem Schicksal umzugehen. Da ringt sie einmal mit dem Schicksal, dann umarmt sie es, versucht es zu beeinflussen und mitzugestalten. Sie lebt vor, wie man kraft der inneren Freiheit und im Vertrauen auf eine höhere Macht äußeres und inneres Leid trägt und erträgt und so zu verarbeiten versteht, dass der eigene, innerste Bereich unversehrt bleibt.

Zur Freiheit verdammt oder zur Freiheit berufen?

Es liegt an uns, wie wir mit dem Schicksal umgehen und ob wir es zu unserem Schicksal machen. Das ist der Teil, der uns aufgetragen ist. Wir sind herausgefordert, die Verantwortung für das zu übernehmen, was wir mit und aus unserem Schicksal machen. Da beginnt unsere Freiheit, die es anzuwenden gilt.

Jetzt sind wir gefragt. Wir können nicht länger unsere Situation, die wir als misslich oder unbefriedigend erleben, allein

Wollen wir wirklich die Verantwortung dafür übernehmen, ja uns die Freiheit nehmen, an unserem Schicksal mitzuwirken?

auf unser Schicksal schieben und sagen: So ist es nun mal, da kann man halt nichts machen. Damit machen wir es uns zu einfach, denn oft müssen wir zur Kenntnis nehmen, dass wir unseren Spielraum längst noch nicht ausgeschöpft haben.

Doch wollen wir das wirklich? Wollen wir wirklich die Verantwortung dafür übernehmen, ja uns die Freiheit nehmen, an unserem Schicksal mitzuwirken? Auf den ersten Blick – so vermute ich – wollen wir das natürlich, ja wünschen wir uns nichts mehr als das. Doch wenn wir noch einmal hinschauen, müssen wir vielleicht feststellen, dass es Bereiche gibt, in denen wir ohne große äußere Behinderungen unser Leben weit mehr hätten entfalten können. Hier stoßen wir auf eine unangenehme Seite von Freiheit: auf die Angst, die unentrinnbar mit der Freiheit einhergeht. Die Angst, sich festzulegen, Neuland zu betreten, nicht im Voraus zu wissen, wohin unsere Entscheidungen führen werden. Unsere Freiheit kann so gesehen zu einer Bürde werden. Wir sind, um mit Jean-Paul Sartre zu sprechen, zur Freiheit verdammt.

Da soll ich etwa entscheiden, welchen Beruf ich ergreifen will. Eigentlich würde ich gerne in einem Verlag arbeiten, doch die Stellen dort sind dünn gesät, ganz abgesehen davon, dass das Gehalt recht bescheiden ist. Mache ich das Lehramtsreferendariat, sind meine Chancen, eine gesicherte Stelle zu bekommen, größer, ist der Verdienst besser. Doch wie werde ich mit den Schülern zurechtkommen? Verbaue ich mir damit eine Karriere als Lektorin und bedauere ich es nach kurzer Zeit, den anscheinend sichereren Beruf gewählt zu haben, statt beharrlich das berufliche Ziel verfolgt zu haben, das meinen Vorlieben mehr entspricht?

Hier wird deutlich, dass es nicht erst eine schicksalhafte Situation sein muss, die uns an die Grenzen unserer Freiheit erinnert. Auch unabhängig davon nutzen wir oft gar nicht die Möglichkeiten unserer Freiheit, aus Angst, uns vielleicht falsch zu entscheiden. Die Angst vor der Freiheit kann also so stark sein, dass wir es vorziehen, uns nicht festzulegen, und nicht bereit sind, die Verantwortung für unser Leben zu übernehmen. Sie kann uns lähmen, in die Resignation oder Verzweiflung treiben. Wie oft bin ich schon Menschen begegnet, die nicht von ihrer Freiheit Gebrauch machen konnten oder wollten, weil sie Angst

Wir nutzen oft gar nicht die Möglichkeiten unserer Freiheit, aus Angst, uns vielleicht falsch zu entscheiden.

hatten vor dem, was danach kommt: wenn sie den Partner verlassen und dann keinen anderen finden, wenn sie sich um ein Amt bewerben, aber nicht zum Zuge kommen, wenn sie sich selbstständig machen, weil sie sich an ihrem sicheren Arbeitsplatz nicht wohlfühlen, dann aber scheitern. So ziehen sie es vor, ihrer Freiheit und der Verantwortung, die damit einhergeht, aus dem Weg zu gehen. Indem sie aber, angeblich um sich zu schützen oder zu retten, wegrennen vor Situationen, die Angst hervorrufen, tragen sie dazu bei, dass ein »schales, schwaches, unwirkliches Gefühl von Sein« *(May 1981: 107 f.)* zurückbleibt.

Sehr anschaulich beschreibt das folgende Geschichte: »Ein Mann sitzt im Bummelzug. Bei jeder Station steckt er den Kopf zum Fenster hinaus, liest den Ortsnamen und stöhnt. Nach einigen Stationen fragt ihn sein Gegenüber besorgt: ›Tut Ihnen etwas weh? Was ist los?‹ Da antwortet der Mann: ›Eigentlich müsste ich aussteigen.

*Wir bilden uns ein,
dass die Komfortzone
unserem Leben Sicherheit
gibt, aber in Wirklichkeit
schränkt sie
unser Leben ein.*

Ich fahre dauernd in die falsche Richtung. Aber hier drin ist es so schön warm‹« *(Jung 2004: 107)*.

So lange wie nur möglich möchten wir in der Komfortzone verbleiben, die uns anscheinend vor dem Schmerz bewahrt. Wir bilden uns ein, dass die Komfortzone unserem Leben Sicherheit gibt, aber in Wirklichkeit schränkt sie unser Leben ein und lässt uns hinter unseren Möglichkeiten zurückbleiben. Wir lassen uns auf letztlich unbefriedigende Kompromisse ein: eine mittelmäßige Ehe, ein mittelmäßiges Priesterdasein, eine mittelmäßige geistige Frische, eine mittelmäßige Lebenseinstellung. Statt uns auf unsere eigenen Füße zu stellen, unser Leben selbst in die Hand zu nehmen, bleiben wir in unserer scheinbaren Hilflosigkeit hängen.

*Die Angst ist
der Preis, den wir
für unsere Freiheit
zahlen müssen.*

Schicksalhafte Situationen können uns sensibel dafür machen, wo wir schon bisher nicht das uns eigentlich Mögliche gelebt haben. Wir können uns endlich daranmachen, das brach liegende Feld zu bestellen, Neues zu wagen, uns auf Unternehmungen einzulassen, die wir immer schon verfolgen wollten, es uns aber nicht getrauten. Oder wir gehen Beziehungen ein, die wir uns bisher nicht vorstellen konnten, weil wir uns nicht für attraktiv genug, die begehrte Person als unerreichbar einschätzten.

Von der Schauspielerin Maria Furtwängler wird berichtet, dass sie sich entschlossen habe, ihre Komfortzone zu verlassen: Um ihre Versagensängste zu bewältigen, ließ sie sich an Schauspielschulen in Los Angeles neu herausfordern. Nach ihren Erfolgen hätte sie allen Grund gehabt, sich auszuruhen und weiter einen »Tatort« nach dem anderen zu drehen, doch sie spürte offensichtlich, dass da noch mehr war, was sie verwirklichen wollte. Auch wenn das von ihr verlangte, sich dem Schmerz auszusetzen, der sie bisher davon abgehalten hatte, Neues und mehr zu wagen.

Es gibt also eine Angst vor der Freiheit, die sich einstellen kann, wenn wir etwas Neues wagen, Entscheidungen treffen und Schritte unternehmen müssen, von denen wir nicht hundertprozentig wissen, wohin sie uns letztlich führen werden. Diese Angst kann uns lähmen, sodass wir vor der Angst zu Kreuze kriechen. Doch wollen wir uns den notwendigen Lebensprozessen gegenüber nicht verschließen, dürfen wir uns von ihr nicht abhalten lassen, den Mut zu haben, uns auf neues Terrain zu wagen. Die Angst ist der Preis, den wir für unsere Freiheit zahlen müssen.

Diese Freiheit steht uns auch angesichts eines persönlichen Schicksals zur Verfügung. Es liegt an uns, herauszufinden, wie wir sie einsetzen können, wie groß ihr Spielraum ist. Haben wir bisher schon von ihr Gebrauch gemacht, indem wir uns von unserer Angst nicht davon haben abhalten lassen, zu tun, was wir für richtig erachten, dann werden wir uns vermutlich leichter damit tun, sie auch für die Bewältigung unseres Schicksals einzusetzen. Herausgefordert durch unser Schicksal, werden wir vielleicht auch auf unsere Freiheit aufmerksam gemacht, um sie jetzt endlich für die Gestaltung unseres Lebens zu nutzen.

Du hast mehr Möglichkeiten, als du ahnst

»Du hast mehr Möglichkeiten, als du ahnst, ganz zu schweigen von den ungeahnten Möglichkeiten Gottes mit dir.« Dieser Satz drückt für mich sehr gut aus, dass es auch an uns liegt, unseren Beitrag zur Verwirklichung unseres Schicksals zu leisten.

Gehe ich davon aus, dass ich bei allem,

was mir vorgegeben ist, mehr Möglichkeiten habe, als ich ahne, ergeben sich daraus weitreichende Konsequenzen für die Gestaltung meines Lebens. Hinter dieser Aussage steht die vor allem in der Humanistischen Psychologie vertretene Vorstellung, dass wir oft nur einen Bruchteil unseres psychischen Potenzials nutzen. Wie wenn wir von den zehn Fingern, die uns zur Verfügung stehen, lediglich den kleinen Finger gebrauchen.

»Ich will wachsen.«

Sehr lebendig ist in meiner Erinnerung eine Begegnung mit Carl Rogers, dem Begründer der Gesprächspsychotherapie und einer der Väter der Humanistischen Psychologie. Ich besuchte ihn 1980, als ich in Kalifornien studierte, in seiner Wohnung in La Jolla. Als ich ihn am Ende unseres gut einstündigen Gesprächs fragte – er war damals 78 Jahre alt –, was er sich denn noch von seinem Leben erwarte, antwortete er mir: »I want to grow«, also »Ich will wachsen«. In der ihm verbleibenden Zeit wollte er das, was ihm an Entfaltungsmöglichkeiten noch gegeben war, so gut wie möglich umsetzen.

Damals war ich 30 Jahre alt. Inzwischen bin ich 66 Jahre, meine Faszination für die Erkenntnisse der Humanistischen Psychologie hat nachgelassen und mehr als früher habe ich auch die Grenzen unseres psychischen Wachstums an mir selbst und anderen erfahren. Trotzdem hat sich meine Grundeinstellung, dass wir mehr Möglichkeiten haben, als wir ahnen, nicht geändert. Das gilt auch für die sich aus dieser Erkenntnis der Humanistischen Psychologie ergebende Überzeugung, dass unser Freiheitspotenzial angesichts des Schicksals oft viel größer ist, als wir denken, und wir von dieser Freiheit, die wir eigentlich haben oder hätten, nur einen Bruchteil für uns nutzen.

Wir haben oft mehr Möglichkeiten, als wir glauben oder ahnen. Diese Möglichkeiten gilt es zu nutzen. Das soll und kann uns niemand abnehmen.

Im Alltag müssen wir viele Entscheidungen treffen. Dazu bedarf es unserer Überlegung, des Sammelns von Informationen, zu wissen, was wir wollen, und dann auch unseres Willens, um das, was wir wollen, umsetzen zu können.

Auf der anderen Seite, so jedenfalls meine Erfahrung, geschieht vieles auch einfach in unserem Leben, hat das Leben, das Schicksal einiges mit uns vor und wir sind gut beraten, dabei mitzuwirken. Wer oder was dafür zuständig ist, dafür gibt es

Diese Möglichkeiten gilt es zu nutzen. Das soll und kann uns niemand abnehmen.

viele Antworten. Jeder muss für sich herausfinden, ob er sich auf solche Überlegungen einlassen kann. Glauben wir daran, dass unser Schicksal gelenkt wird oder einem verborgenen Plan folgt, kann es vor den großen Entscheidungen unseres Lebens wichtig sein herauszufinden, was das Schicksal für uns vorgesehen haben könnte. Wenn wir Hinweise dafür entdecken, können wir die Erfahrungen, Erkenntnisse, Einsichten bei unseren Entscheidungen mitberücksichtigen *(Johnson 1998: 148)*.

Ich habe die Erfahrung gemacht, dass beides wichtig ist: Verantwortung für mein Leben zu übernehmen und die Möglich-

Von dieser Einstellung gehen für mich eine große Freiheit und Gelassenheit aus.

keiten, die ich sehe und habe, zu nutzen. Zugleich aber auch dafür offen zu sein, dass es da noch andere Kräfte gibt, über die ich nicht verfügen kann, die aber recht wirkungsvoll mein Leben beeinflussen und bestimmen können. Von dieser Einstellung gehen für mich eine große Freiheit und Gelassenheit aus. Ich überlasse mich diesen Kräften – die einen nennen sie Gott, andere Schicksal – und mache dabei die Erfahrung, dass ungeahnte Energien in mir freigelegt werden, die ich für die Bewältigung meines Alltags nutzen kann.

Wollen wir diesen Einfluss einer höheren Macht für unser Leben nutzen, bedarf es einer Kombination von Kreativität, die uns aus unserer Freiheit erwächst, und einer vertrauensvollen, gelassenen Haltung, die aus dem Glauben an das Wirken einer höheren Macht mit ihren ungeahnten Möglichkeiten hervorgeht. Das eine lässt sich nicht gegen das andere ausspielen. Sie bereichern sich gegenseitig. Die Erfahrung zu machen, zu wissen und zu akzeptieren, dass es nicht allein von uns abhängt, wie unser Leben verläuft, kann uns davor bewahren, uns in allem zu sehr festzulegen oder zu schnell aufzugeben, wenn es schwierig wird. Wir bleiben dann offen für Neues, Ungeahntes, sind bereit, uns vom Leben überraschen und beschenken zu lassen.

Wir müssen uns aufmachen und manchmal auch einfach wagen, das anzugehen, was wir wollen. Wenn wir das, was wir uns für unser Leben erhoffen und ersehnen, erreichen oder ihm zumindest näher kommen wollen, müssen wir unseren Beitrag leisten. Und das nicht erst morgen oder erst dann, wenn dies und jenes vorher geschehen ist, sondern jetzt, heute, hier. Wir können zum Beispiel ein Leben lang auf den *charming prince* warten, der uns von unserem Alleinsein erlöst, oder aber uns selbst aufmachen, um Menschen kennenzulernen und den Partner oder die Partnerin fürs Leben zu finden, mit dem oder der wir unser Leben teilen möchten. Dafür müssen wir etwas tun und manchmal auch wagen. Wir können nicht zurückgezogen in unseren vier Wänden darauf warten, dass jemand bei uns anklopft. Wir müssen vielleicht unsere Schüchternheit überwinden und womöglich Absagen riskieren. Oder wir müssen an unserem Selbstwertgefühl arbeiten, wenn

Wir bleiben offen für Neues, Ungeahntes, sind bereit, uns vom Leben überraschen und beschenken zu lassen.

das der Grund dafür sein sollte, dass es uns schwerfällt, auf andere zuzugehen.

Zugleich ist es aber auch wichtig, uns beschenken und Dinge sich ereignen zu lassen, dem Schicksal seinen Raum zu geben.

Das kann heißen, nicht ständig davon besetzt zu sein, den richtigen Mann, die richtige Frau zu finden. Dieser Gedanke kann uns so sehr beherrschen, dass wir vielleicht die Person, die in unserer unmittelbaren Umgebung darauf wartet, von uns entdeckt zu werden, übersehen.

Ich muss an Erika denken, 45 Jahre alt, die ihre ganze Energie und Kreativität darauf verwandte, endlich den Mann fürs Leben zu finden. Sie nahm an Seminaren teil, bei denen man lernen konnte, selbstbewusster aufzutreten, ging zu einer Kosmetikerin, ließ sich jede Woche von ihrer Frisörin die Haare richten und legte großen Wert auf ihre Kleidung und ihr äußeres Erscheinungsbild. Sie schaltete ein Partnervermittlungsinstitut ein, in der Hoffnung, ihre Chancen damit zu erhöhen. Sie besuchte viele Kurse, immer auch mit der Hoffnung,

Wir tun das uns Mögliche, stellen uns auf die eigenen Füße, nehmen unser Leben in die Hand und schauen, was sonst geschieht.

dort endlich den Mann, nach dem sie sich so sehnte, zu finden. Doch alles half nichts. Mit der Zeit merkte sie, dass es für sie gar nicht mehr so dringlich war, einen Mann zu finden – nicht zuletzt dank ihrer Aktivitäten, die sie mit vielen anderen Personen in Kontakt brachten und ihr Leben bereicherten. Sie wollte ihre Suche schon aufgeben, als sie eher zufällig bei einer beruflichen Veranstaltung den Mann traf, den sie inzwischen auch geheiratet hat.

Das erinnert mich an eine Definition C. G. Jungs, für den Zufall ist, »was sich auf jemanden zubewegt, wie wenn es von ihm angezogen wäre«. Wenn wir davon ausgehen, dass andere Kräfte als wir selbst auf unser Leben Einfluss nehmen, heißt das nicht, dass wir nicht länger von unserer Freiheit für die Gestaltung unseres Lebens Gebrauch machen und die Möglichkeiten, die uns bei allem Vorgegebenen bleiben, nutzen. Wir tun das uns Mögliche, stellen uns auf die eigenen Füße, nehmen unser Leben in die Hand und schauen, was sonst geschieht. Mit dem, was uns zufällt, treten wir in Beziehung. Wir kooperieren mit ihm. Wir vertrauen darauf, dass sich darin das uns Zugedachte Bahn bricht, und lassen – manchmal zunächst widerwillig, dann vielleicht dankbar, am Ende staunend – zu, was sein soll und sein muss. Wir treten ihm nicht unsere Verantwortung ab, auch entbindet es uns nicht von unserer Verantwortung für unser Leben. Doch über unsere eigenen Möglichkeiten hinaus, von denen wir oft mehr haben, als wir ahnen, lassen wir unser Leben von den ungeahnten Möglichkeiten geheimnisvoller, im Verborgenen wirkender Kräfte bereichern.

Der Wille als Triebfeder des Handelns

Wenn wir dem Schicksal vertrauen, überlassen wir uns einer Dynamik, die aus dem Wechselspiel von Schicksal einerseits und Freiheit und Verantwortung andererseits entsteht. Das Schicksal entlässt uns nicht in die Passivität, vielmehr fordert es unsere Freiheit, Verantwortung und unsere Kreativität heraus, damit wird, was werden soll. Dafür bedarf es einer Instanz in uns, die das, was wir an Einsichten, Erkenntnissen, Überlegungen und Wünschen für unser Leben haben, in Taten umsetzt.

Wer aber ist diese Instanz, die die Verantwortung für uns und unser Leben übernimmt? Was ist die handelnde Kraft und Macht, die dafür sorgt, dass aus unseren Einsichten und Erkenntnissen Handlungen folgen, wir in der Lage sind, Einfluss auf unser Schicksal zu nehmen? Wo hat dieses Zentrum seinen Sitz, dessen Aufgabe es ist, unser Leben gemäß unseren Vorstellungen und Wünschen, aber auch mit Blick auf unser Schicksal zu gestalten? Ein Name für dieses Zentrum ist der Wille, der sich im Wollen umsetzt. Andere Begriffe sind: innerer verantwortlicher Beweger, Triebfeder der Handlung, Sitz der Willenskraft *(vgl. Yalom 2005: 346f.).* Es ist der Teil in uns, der über die Fähigkeit verfügt, Entscheidungen zu treffen und sie verwirklichen zu können. Von ihm gehen die dafür notwendige Entschlossenheit und der Mut aus, die Dinge anzugehen.

Wir sehen plötzlich Möglichkeiten, die wir vorher nicht gesehen haben, und trauen uns zu, neue Wege zu beschreiten.

Dieses Zentrum in uns kann in seiner Wirkkraft durch innere und äußere Einflüsse beeinträchtigt werden. Denken wir zum Beispiel an ein von den Eltern, der Gesellschaft oder ungesunden religiösen Einstellungen vermitteltes grausames Über-Ich: Es kann Menschen ihr Leben zur Hölle machen, indem es wesentliche menschliche Wünsche oder Bedürfnisse und deren Befriedigung als negativ, schlecht oder – theologisch ausgedrückt – sündhaft bewertet. Anderen ist durch eine entsprechende autoritäre Erziehung der eigene Wille gebrochen worden. Sie erleben sich fremdbestimmt, getrauen sich nicht, ihre Überzeugungen zu äußern, und beschränken ihr Leben darauf, die Erwartungen der anderen zu erfüllen.

Wollen wir in der Lage sein, selbstverantwortlich auf unser Leben und Schicksal einzuwirken und unserem Leben unseren Stempel aufzudrücken, müssen wir manchmal zunächst Lasten wie Schuld- oder Schamgefühle, die schwer auf uns liegen und unsere Willenskraft beinträchtigen, beseitigen. Ist das geschehen, lösen wir uns

Wir spüren unsere Willenskraft und sind – endlich! – in der Lage, unseren *Willen umzusetzen.*

aus der Starre und kommen in Bewegung. Wir überwinden zunehmend die Angst, die uns bisher bremste und davon abhielt, auf Menschen, Projekte, Ziele zuzugehen. Wir nutzen unsere neu entdeckte Willensfreiheit als Möglichkeit, auf Umstände so zu reagieren, so über Situationen zu denken, Dinge so zu deuten, wie es uns tatsächlich entspricht. Wir sehen plötzlich Möglichkeiten, die wir vorher nicht gesehen haben, und trauen uns zu, neue Wege zu beschreiten, die zu beschreiten wir uns bisher gescheut haben.

Wir wissen noch immer nicht mit völliger Sicherheit, wohin uns das führen wird. Aber unser Wille, unsere Bereitschaft, sich auf dieses Wagnis einzulassen, ist jetzt größer als unsere Angst, weil *wir* das wollen, weil *wir* leben, unser Leben wagen wollen. Wir spüren unsere Willenskraft und sind – endlich! – in der Lage, *unseren* Willen umzusetzen. Wir sind nicht länger bereit, unsere Freiheit vor lauter Angst, ihr nicht gewachsen zu sein, an jemand anderen abzugeben. Wenn das notwendig ist, sind wir jetzt offen dafür, grundsätzliche Veränderungen im bisherigen Lebensentwurf vorzunehmen. Das setzt einen starken Willen voraus.

Um die Willenskraft in uns für die Gestaltung unseres Lebens nutzen zu können, müssen wir aber zunächst wissen, was wir wollen, was wir uns wünschen, denn der Wunsch geht dem Willen voran *(vgl. May 1969: 197)*. Um das herauszufinden, müssen wir uns besinnen und versuchen, mit unserer

Wissen wir, was wir wollen, können wir unseren Willen einsetzen, um zu erreichen, was wir wünschen.

Sehnsucht in Berührung zu kommen *(vgl. May 1969: 211)*. Dabei ist es wichtig, Bedürfnisse und Wünsche auseinanderzuhalten.

Der Wunsch unterscheidet sich von einem Bedürfnis, so Rollo May, insofern er mit einer Bedeutung verbunden ist. Während ein Bedürfnis anonym und ungebunden ist, steht hinter einem Wunsch eine konkrete Person, die diesen Wunsch in sich verspürt und sich diesen Wunsch erfüllen will. »Ein Mann wünscht sich nicht nur Sex mit einer Frau: Er findet die eine Frau anziehend, eine andere abstoßend. Wünschen ist selektiv und hochgradig individuell. Wenn ein Mann unterschiedslos sexuelle Beziehungen mit allen Frauen begehrt, dann stimmt etwas nicht. Der Mann handelt dann vielleicht aus einer Drucksituation heraus, etwa weil die Frau, nach der es ihn verlangt, nicht da ist, er für eine lange Zeit entfernt von ihr lebt. Ein anderer handelt aus einem Zwang oder einer Sucht heraus. Dann aber gibt er seine Freiheit auf und ist nicht mehr der Antreiber, sondern der Getriebene« *(Yalom 2005: 357)*. Wissen wir, was wir wollen, können wir unseren Willen einsetzen, um zu erreichen, was wir wünschen.

Haben wir herausgefunden, was unsere Wünsche sind, sind wir noch lange nicht am Ziel unserer Sehnsucht angekommen. Denn es geht zunächst darum, uns zu entscheiden, welche Wünsche wir mit der Hilfe unseres Willens verwirklichen wollen. Das ist oft leichter gesagt als getan, vor allem dann, wenn die Erfüllung des einen Wunsches der Erfüllung eines anderen im Wege steht. Ganz abgesehen davon, dass wir auf Gegebenheiten stoßen können, die schicksalhaft vorgegeben sind, und wir dadurch herausgefordert werden, unsere Wünsche mit den Gegebenheiten abzugleichen, uns mit ihnen zu arrangieren, um dabei zu neuen Erkenntnissen zu kommen, neue Ziele anzugehen, die zu verwirklichen es dann ebenso unseres Willens bedarf.

Doch oft ist es so, dass wir uns aus den vielfältigen Möglichkeiten, die wir haben oder begehren, für eine oder einige wenige entscheiden müssen. Das überfordert nicht wenige. Dazu kann kommen, dass wir das eine nicht mehr als das andere begehren oder wir alles wollen und wir das, was wir zutiefst begehren, aus den Augen verlieren.

Wir können dieses Dilemma nur überwinden, indem wir uns für eine Option entscheiden und diese dann konsequent verfolgen.

So wünschenswert und bereichernd es zunächst ist, diese vielen Möglichkeiten zu haben, so sehr kann uns das auch Angst machen: müssen wir jetzt doch selbst eine Entscheidung treffen und die Verantwortung für unser Leben übernehmen, ohne zu wissen, was sich aus unserer Wahl ergeben wird. Dazu kommt: Entscheide ich mich für das eine, entgeht mir möglicherweise das andere. »Heirate oder heirate nicht, du wirst beides bereuen«, soll der Philosoph Sören Kierkegaard gesagt haben.

Wir können dieses Dilemma nur überwinden, indem wir uns für eine Option entscheiden und diese dann konsequent verfolgen, während wir auf das, was uns dadurch entgeht, bewusst verzichten.

Dazu bedarf es einer Willensentscheidung, die die Voraussetzung dafür ist, wenigstens einen unserer Wünsche verwirklichen zu können. Treffen wir sie nicht, besteht die Gefahr, dass es vor lauter wünschen bei den Wünschen bleibt, aber keiner umgesetzt wird. Uns für das eine zu entscheiden und auf das, was wir dadurch nicht haben können, verzichten zu müssen, wird uns in der Regel nicht gefallen. Nur, es wird uns nichts anderes übrigbleiben. Wollen wir zum Beispiel eine verbindliche, liebevolle, innige Beziehung zu einer anderen Person, dann müssen wir andere Beziehungswünsche, die wir vielleicht auch haben, die diesem Hauptwunsch aber widersprechen – etwa vom Partner Besitz zu ergreifen oder ihn zu unterjochen –, aufgeben *(vgl. Yalom 2005: 371)*.

Mut zur Entscheidung

»Entscheidungen sind sehr kostbar, sie kosten dich alles Übrige«, zitiert Irvin D. Yalom *(2005: 378)* eine Klientin. Oft fehlt uns der Mut dazu, uns klar für etwas zu entscheiden, uns damit aber auch zu positionieren und möglicherweise Konflikte heraufzubeschwören. Um das zu vermeiden,

Oft fehlt uns der Mut dazu, uns klar für etwas zu entscheiden, uns damit aber auch zu positionieren und möglicherweise Konflikte heraufzubeschwören.

ziehen wir es vor, alles offenzulassen, uns nicht festzulegen, die Dinge sich einfach entwickeln zu lassen. Oder wir ziehen es vor, lieber andere für uns entscheiden zu lassen, die wir dann auch noch dafür verantwortlich machen können, wenn es uns nicht gut geht mit den Entscheidungen, die sie getroffen haben. Doch diese Rechnung geht nicht auf. Denn auch wenn wir uns nicht für etwas entscheiden, sind doch wir es, die die Verantwortung für dieses Nicht-Entscheiden und die Konsequenzen, die sich daraus ergeben, übernehmen müssen. Erst wenn »man die Allgegenwart seiner Entscheidungen voll akzeptiert« *(Yalom 2005: 395)*, ist man sich selbst gegenüber ehrlich. Es liegt an uns, Entscheidungen zu treffen, das, was wir wollen, durchzusetzen und umzusetzen.

Dazu bedarf es manchmal neben unseres Willens auch des Mutes. Das französische Wort für Mut *courage* hat denselben Stamm wie das Wort *cœur*, was mit Herz übersetzt werden kann *(vgl. May 1980: 4)*. Genau darauf kommt es jetzt an und darauf sind wir angewiesen: unsere Herzkraft, unsere Leidenschaft. Sie müssen wir einsetzen, damit wird, was wir wünschen. Wir müssen von dem, was wir wollen, überzeugt sein, um alle uns zur Verfügung stehende Energie und Ausdauer dafür aufzuwenden. Um den Kölner Dom zu bauen, so Heinrich Heine, bedurfte es der Überzeugung, der Hingabe und des konkreten Einsatzes vieler Menschen.

Ein Baum wird seinen inneren Gesetzmäßigkeiten entsprechend ein Baum, ein Kätzchen eine Katze. Ein Mensch wird ein Mensch, aber was für ein Mensch er wird, das hängt auch von seinen Vorgaben, vom Schicksal ab und darüber hinaus davon, wie sehr er von seiner Freiheit, sich zu entscheiden, Gebrauch macht. Nutzt er sie, muss er für die Durchsetzung seines Wunsches seinen Willen und seinen Mut einsetzen.

In unserem Willen und Mut, die von unseren Wünschen, aber auch von unseren Überzeugungen gespeist und getragen werden, setzen wir unsere Freiheit um, machen wir von einem Privileg Gebrauch, das uns

Menschen von der übrigen Schöpfung unterscheidet.

Wir entscheiden dadurch mit, was aus unserem Leben wird, wie wir unser Leben

Genau darauf kommt es jetzt an und darauf sind wir angewiesen: unsere Herzkraft, unsere Leidenschaft.

gestalten und was für ein Mensch wir werden wollen. Und das auch angesichts von Gegebenheiten, von Schicksalhaftem, das zunächst der Durchsetzung unseres Willens Grenzen setzt, um dann aber von uns als Wirklichkeit aufgegriffen und angenommen zu werden und bei unserer Entscheidung, wie es weitergeht, bedacht zu werden. Viktor Frankl würde hier von der »Trotzmacht des Geistes« sprechen, wobei Geist hier auch für den Willen stehen kann, der nicht aufgibt und auch in Schicksalhaftem einen Sinn, ja manchmal auch eine notwendige Korrektur, sehen kann.

Ich denke an Personen, die es wagen, neue Wege zu gehen, dabei Mühen auf sich nehmen, das Unverständnis, auf das sie treffen, aushalten und die wirtschaftliche Unsicherheit, die damit einhergeht, in Kauf nehmen. Sie lassen auch ihre Zweifel zu, fragen sich, wie sie ihre Entscheidung vor Gott, vor ihren Mitmenschen oder ihrem Partner verantworten können. Sie gehen oft den schwierigeren Weg. Doch sie können keinen anderen Weg gehen, weil sie sich selbst gegenüber sonst untreu werden würden, auch wenn sie einmal etwas anderes versprochen haben. Sie können diesen Weg nur gehen, weil sie davon überzeugt sind, dass es der richtige ist und sie das so wollen.

Andere wiederum bringen nicht den Mut auf, Neues zu wagen. Sie verharren in ihrer Ambivalenz. Ihr Zentrum, das für die Entscheidungen in ihrem Leben sowie die Umsetzung von Einsichten und Erkenntnissen verantwortlich ist, ist nicht stark genug. Ihnen fehlen der Wille und der Mut, Nägel

Sie können keinen anderen Weg gehen, weil sie sich selbst gegenüber sonst untreu werden würden.

mit Köpfen zu machen, sich auf Neues einzulassen. Oder aber sie entscheiden sich ganz bewusst dafür, in Verhältnissen zu bleiben, die für sie unbefriedigend sind und die ihnen nicht geben, was sie sich vom Leben versprochen haben. Sie entscheiden sich dafür, obwohl sie andere Möglichkeiten hätten, ihre Lebenssituation zu verbessern. Sie tun das vielleicht aus Rücksicht, aus Treue, aus Überzeugung und nehmen dafür die Nachteile, die sich daraus für sie ergeben, in Kauf.

Auch darin kann sich bewahrheiten, dass wir mehr Möglichkeiten haben, als wir ahnen: Wir verfügen über bisher nicht vermutete Ressourcen und Fähigkeiten, die uns helfen können, Krisen zu verarbeiten, mit Problemen, Unzulänglichkeiten, Grenzerfahrungen in unserem Leben zurechtzukommen. Sie stehen uns zur Verfügung, wenn es darum geht, Frustrationen auszuhalten, seelisches und körperliches Leid zu ertragen und mit Sinn zu füllen.

Sich bewusst zu machen, dass wir nur dieses eine Leben haben und uns nur eine recht begrenzte Zeit zur Verfügung steht,

Wir verfügen über bisher nicht vermutete Ressourcen und Fähigkeiten, die uns helfen können, Krisen zu verarbeiten.

kann uns ermutigen, nicht nur halb zu leben, sondern ein Leben in Fülle anzustreben. Ein Leben, in dem wir selbstbewusster und selbstbestimmter das anstreben, was unseren Wünschen und unserem Wesen entspricht, damit wird, was werden soll.

Eine Frau, 50 Jahre alt und seit zweiunddreißig Jahren mit einem Ekel von Mann verheiratet, konnte sich nicht zu einer Trennung von ihm durchringen. Sie glaubte, die Isolation, den Schmerz, die Schande, die

»Ich bedauere, dass ich mein Leben vergeudet habe, dass ich niemals gewusst habe, was ich hätte sein können.«

finanziellen Einbußen und das Eingeständnis des Versagens, die, so fürchtete sie, damit einhergehen würden, nicht ertragen zu können. Schließlich war sie so gebrochen, dass sie gezwungen war, Hilfe zu suchen und sich auf eine Psychotherapie einzulassen. Mit ihrem Therapeuten sprach sie auch über das Alter und ihre Furcht vor dem Tod. Als sie aufgefordert wurde, sich vorzustellen, dass sie bald sterben würde, dabei auf ihr Leben zurückzuschauen und ihre Gefühle zu beschreiben, antwortete sie ohne Zögern: »Ich bedauere, dass ich mein Leben vergeudet habe, dass ich niemals gewusst habe, was ich hätte sein können.«

Es bedurfte dieser Erkenntnis, um die Frau zu motivieren, nicht länger im Bedauern über ihr ungelebtes Leben, das sie unfrei machte, zu verharren, sondern mit ihren Möglichkeiten, ihre Situation zu ändern, in Berührung zu kommen und dann auch entsprechend zu handeln. Dazu gehörte für sie auch, ihren Mann zu verlassen. Sie erkannte, dass sie ihrer schwierigen Lebenssituation nicht einfach nur schicksalhaft ausgesetzt und sie es sich schuldig war, wollte sie sich selbst gegenüber nicht schuldig werden, endlich ihr Leben in die Hand zu nehmen. Das führte dazu, dass sie mit der Zeit die Starre und Depression, die ihr Leben lahmgelegt hatten, überwinden konnte und ihr Leben wieder zu fließen begann *(vgl. Yalom 2005: 333 f.)*.

Wollen wir am Ende unseres Lebens nicht mit Bedauern feststellen, dass wir eigentlich nicht wirklich gelebt haben, wollen wir wie ein gesättigter Gast das Fest

Nutzen wir kreativ die uns gegebenen Möglichkeiten, haben wir Mut zu Entscheidungen!

des Lebens verlassen, müssen wir unser Leben wagen. Nutzen wir kreativ die uns gegebenen Möglichkeiten, haben wir Mut zu Entscheidungen! Davon dürfen wir uns nicht durch die Vorgegebenheiten abhalten lassen. Wir müssen sie vielmehr mit einbeziehen, ja, uns von ihnen herausfordern lassen, um mithilfe unserer, bisher vielleicht ungenutzten, Kräfte, unserer Kreativität und unserer Fantasie unser Leben zu einem Fest zu machen, das wir am Ende erfüllt und dankbar verlassen können.

Wer sich dem Schicksal überlassen hat, der ist befreit

Hermann Hesse wird das Zitat zugeschrieben: »Wer sich dem Schicksal überlassen hat, der ist befreit.« Überlassen wir uns dem Schicksal, egal ob wir es als Zufall oder als etwas planvoll Geschehenes sehen, heißt das nicht, dass wir nur dasitzen und warten, was passiert. Es meint zunächst einmal, gelassen unser Leben anzugehen, im Bewusstsein, dass unser Leben nicht nur von uns, sondern auch von Kräften mitbestimmt wird, die einen großen Einfluss auf unser Leben haben, die stärker sind als unser Wollen und unser Wille. Wir also gut beraten sind, mit ihnen zu rechnen, sie ernst zu nehmen, ja, uns ihnen am Ende zu überlassen.

Das eine ist, Entscheidungen zu treffen und die Möglichkeiten, die wir haben, zu nutzen. Das wird ein Leben lang von uns gefordert sein. Das andere ist, daneben, als Ergänzung oder vielleicht auch Vollendung dazu, sich dem Schicksal zu überlassen. Damit ist nicht gemeint, zu resignieren oder nicht länger Einfluss auf unser Leben zu nehmen und die Verantwortung für unser Leben abzugeben.

Wir sind stattdessen wach und sensibel

Wir nehmen uns die Freiheit – vielleicht die größte, die uns Menschen möglich ist –, uns dafür zu entscheiden, unser Schicksal anzunehmen.

dafür, was das Schicksal für uns vorgesehen hat, worauf unser Leben hinausgehen will oder hinausgehen soll und was wir dazu beitragen können, dass geschieht, was geschehen soll. Wir nehmen uns die Freiheit – vielleicht die größte, die uns Menschen möglich ist –, uns dafür zu entscheiden, unser Schicksal anzunehmen.

Jetzt reichen sich Schicksal und Freiheit die Hände, fallen Schicksal und Freiheit zusammen, werden sie eins *(vgl. May 1981: 223)*. Unser Schicksal ist nicht eine Bedrohung oder ein Gegenspieler unserer Freiheit. Es ist vielmehr ihre Basis, unsere Vorlage, unserer Bestimmung entsprechend zu leben. Entscheiden wir uns dafür, uns dem Schicksal zu überlassen, können wir die Chancen, die uns bleiben, nutzen, um unser Schicksal mit zu formen.

Wenn wir zum Beispiel mit der Diagnose konfrontiert werden, an einem unheilbaren Krebs zu leiden und in wenigen Monaten sterben zu müssen, können wir dagegen aufbegehren – und wer könnte das nicht verstehen? Wir können uns aber auch wie Sokrates, nachdem ihm der tödliche Schierlingsbecher gereicht worden war und er ihn getrunken hatte, dem Kommenden überlassen und darin unsere Freiheit erfahren.

Das ist ein ehrfurchtsgebietender und radikaler Vorgang, den man kaum richtig erfassen und verstehen kann. Ich lasse mein

Unser Schicksal ist nicht eine Bedrohung oder ein Gegenspieler unserer Freiheit.

Schicksal walten, bin dabei aber zugleich selbst mein Schicksal, indem ich das Los, das mich ereilt, annehme und umarme. Es ist damit nicht länger etwas, das mir von außen her widerfährt, sondern etwas Vertrautes.

Wer sich seinem Schicksal überlässt, der ist bereit, anzunehmen, was ist und was nicht geändert werden kann. Er vergeudet nicht länger seine Kraft im Kampf gegen etwas, was er ohnehin nicht verhindern kann. Er lässt sich ganz und gar umfangen von seinem Schicksal, das ihn zu dem führt, was es für ihn vorgesehen hat. Wer sich dem Schicksal überlässt, der lässt sich nicht länger von Ängsten vor dem, was sein wird und was alles passieren kann, davon abhalten, zu leben. Endlich zu leben. Er ist befreit.

Literatur

Cora Creutzfeldt-Glees: Schicksal Brustkrebs – Wege zur Bewältigung, Göttingen 2007

Romano Guardini: Freiheit, Gnade und Schicksal, München 1948

Walter Henk: Alles Zufall?, in: Die Zeit, Nr. 1, 29.12.2016

Sales Hess: Dachau – eine Welt ohne Gott, Münsterschwarzach 1995

Etty Hillesum: Das denkende Herz. Die Tagebücher von Etty Hillesum 1941 bis 1943, Hamburg 2010

Robert A. Johnson/Jerry M. Ruhl: Balancing Heaven and Earth, New York 1998

C. G. Jung: Erinnerungen, Träume, Gedanken von C. G. Jung, hrsg. und ausgewählt von Aniela Jaffe, Olten 1990

Matthias Jung: Mut zum Ich. Auf der Suche nach dem EigenSinn, München 2007

Sören Kierkegaard: Der Begriff Angst, Ditzingen 1992

Rollo May: The Meaning of Anxiety, New York 1977

Rollo May: Freedom and Destiny, New York 1981

Phil Stutz/Barry Michels: The Tools. Wie Sie wirklich Selbstvertrauen, Lebensfreude, Gelassenheit und innere Stärke gewinnen, München 2012

Paul Tillich: Systematische Theologie Bd. I, Stuttgart 1957

Irvin D. Yalom: Existenzielle Psychotherapie, Bergisch-Gladbach 2005

Irvin D. Yalom: In die Sonne schauen. Wie man die Angst vor dem Tod überwindet, München 2010

Über den Autor

Dr. Wunibald Müller ist Theologe, Psychologe und Psychotherapeut. Der ehemalige Leiter des Recollectio-Hauses der Abtei Münsterschwarzach ist Autor zahlreicher Bücher zu Themen der Spiritualität, Lebenshilfe und Psychologie. Bei Kösel erschienen u.a.: »Warum ich dennoch in der Kirche bleibe«, »Ich wünsch dir einen Seelenfreund. Über Beziehungen, die tragen« sowie »Du sollst Leib und Seele ehren. Für eine heilsame Spiritualität«.